Dittker Slark

Glaube Hoffnung Liebe

Gedichte

von

Liebe, Freude,
Leid und Tod

Elisabeth Linnig Verlag
Kunst + Literatur
Darmstadt 2003

64245 Darmstadt, Postfach 23 01 61

Herstellung: BoD - Books on Demand GmbH
22848 Norderstedt, Gutenbergring 53

ISBN 3-925591-24-9 - Fotos: D. Slark

Die Liebe höret nimmer auf
so doch die Weissagungen
aufhören werden
und die Sprachen aufhören werden
und die Erkenntnis aufhören wird.

Nun aber bleibt
Glaube - Hoffnung - Liebe
diese drei
aber die Liebe ist die
Größte unter ihnen.

(1.Korinther 13,8 + 13,13)

Meiner auch über den Tod hinaus
innig geliebten Frau Elisabeth
zum Gedächtnis und als Dank
für viele wunderschöne glückliche
Jahre der Zweisamkeit

Wer je geliebt in Liebesarmen

Wer je geliebt in Liebesarmen,
Der kann im Leben nie verarmen;
Und müßt er sterben fern, allein,
Er fühlte noch die sel'ge Stunde,
Wo er gelebt an ihrem Munde,
Und noch im Tode ist sie sein.

Theodor Storm

All jenen, die einen
geliebten Menschen
verloren haben
zum bleibenden Trost

Wasser und Liebe

Aus fernen Quellen
drängen die Bäche
durch Wälder und Täler
wachsen zu Flüssen
durchqueren die Städte
ergeben sich selbstlos
dem Größeren dienend
mächtigen Strömen.

Doch manche Wasser
finden
nach einsamem Lauf
den Weggefährten
zu gemeinsamer Reise
ins Weltenmeer.

Im Herzbrunnen
wo Geheimnis und
Wunder schlummern
entspringt der Erde
himmlischste Gabe
innigste Urkraft:
die Liebe.

Ewig
fließt sie von
Herz zu Herz
zaubert des Lebens
goldene Stunden
vermählt die Seelen
im Glücksstrom
zeitloser Seligkeit.

Deine Zärtlichkeit

Deine Zärtlichkeit
umhüllt mich behutsam
wie ein Gewand
aus goldenem Licht.

Deine Zärtlichkeit
ist Seelenbalsam
lindert und heilt
die Wunden des Lebens.

Dein Lächeln

Dein Lächeln
gleicht dem Lächeln
eines Engels
selbst mit
geschlossenen Augen
überstrahlt die
Liebe deiner Seele
sanft und zärtlich
dein Gesicht.

Schenk
liebstes Mädchen
täglich mir
dein Lächeln -
es ist ein
Lichtquell mir
der Freude und
Glückseligkeit.

Ewiges Sein

Wir schweben
auf einer Wolke
gewoben aus
Licht und Seligkeit.

Wir leben umhüllt
vom Mantel der Liebe
über der Erde
und außer der Zeit.

Im Gestern und Morgen
wirkt Brot und Wein
in Gott geborgen
ruht ewiges Sein.

Ein Licht

Du hast ein Licht
in meinem Herz
entzündet.
Nun brennt es
still und rein
als wär ein Engel
in die Stube
meiner Einsamkeit
getreten.

Geliebte
bleib bei mir
erwärm, erleuchte
meine Seele
mit deines
sanften Wesens
Glanz und Glut.

An Elisabeth

Warum ich Dich liebe?
Wirst Du mich fragen
Freundin, Geliebte
ich will es Dir sagen:

Ich lieb Deine Augen
licht und rein
wie des Sonnenhimmels
blaugoldner Schein.

Ich lieb Deiner Lippen
Rosenglut
ihre köstliche Süße
wie Kirschenblut.

Ich lieb Deine Haare
wehend im Wind
wie seidig weich und
duftend sie sind.

Ich lieb Deine Hände
sie streicheln so zart
ihr Arbeitsfleiß
ist mit Liebe gepaart.

Ich lieb Deine Stimme
ihr trauter Klang
mir tief ins
selige Herz eindrang.

Ich lieb Deinen Leib
der mich entzückt
im innigstem Einssein
berauscht und beglückt.

Ich liebe Dein
lächelndes Angesicht
Deine ganze Gestalt -
vergiß dies nicht.

Ich lieb Deine Seele
die zärtlich und gut
mit meiner vereint
im Paradies ruht.

Und dann meine Liebste:
Du liebst auch mich!
Aus all diesen Gründen
liebe ich Dich.

An Dich

Wünsche
die andere in mir
erweckten
erfüllst du
Geliebte
ohne Hoffnungen
zu versprechen.

Was ich
träumte
ersehnte
von Kindheit an
schenkst du mir
Liebste
aus wundersamem
Füllhorn der Liebe.

Du bist die
Sonne meines Lebens
deine Zärtlichkeit
schmiegt sich
behutsam
heilend
an meine Seele.

Nimm all meine
Liebe
die wie ein
Vogelkind im Nest
in dir
Heimat finden
wie ein
Schutzmantel
behütend dich
umhüllen möchte.

Geliebte
laß unsre
Seelen
für immer in
Seligkeit
vereint sein.

Deine Zärtlichkeit

In deiner
Zärtlichkeit
geborgen
ist mir die
Welt ein Paradies
aus Rosenduft
und Falterflug.

In deine
Liebe
eingebettet
strömt Glück und
Freude mir
aus höchsten
Harmonien

Zärtlichkeit und Liebe
sind der Quell
des wahren Lebens.

Täuschung

Einssein wollen
ohne Zärtlichkeit
ist arge Täuschung
verdient nicht den
Namen Liebe.

Du bist das Licht

Du bist das Licht
das meine Seele hell erstrahlt
das Frieden schenkt
und Trost in rauhen Tagen
wenn Schwermut nach dem
Herzen greift wie Adlerkrallen
nach des Häsleins Ängstlichkeit
wenn Bosheit an der Türe
lauert dem Wolfe gleich
der vor dem Pferch das
unachtsame Lämmchen schnappt.

Dann strömt mir Kraft
aus deinem Seelenleuchten zu
dann wachsen Mut und
Selbstvertraun wie eine
Blume hoffnungsvoll im
Morgentau der Sonne
ihre Blüte öffnet -

Du bist das Licht
das meine Seele hell erstrahlt
das Frieden schenkt
und Trost in rauhen Tagen...

Zur Maienzeit

In allen maiengrünen Zweigen
zwitschern die Vöglein ihr Liebeslied.

In allen sonnenwarmen Gärten
blühen die Blumen in bunter Lust.

In allen frühlingsfrohen Herzen
lächeln jetzt Träume der Seligkeit.

In unseren liebestrunkenen Seelen
reift Glück,wächst Freude in Dankbarkeit.

Abschied und Wiederkehr

Im Abschied
ruht die Wiederkehr
verborgen
drum sei nicht
traurig Lieb
wenn wir nun
scheiden müssen.

Der Abschied
schenkt Erinnerung
der Freude
drum lächle
wieder Schatz
viel Glück ward
uns beschieden.

Der Abschied
wird Vergangenheit
des Denkens
drum dir zum
Trost mein Herz
es eilt die
Zeit geschwind.

Im Abschied
wacht das Wissen schon
vom Morgen
so naht uns
einst mein Lieb
der Tag des
Wiederseh'ns.

Im Gedenken an Dich

Mit den weißen
Sommerwolken
wandern meine
Glücksgedanken
windbeflügelt
zu dir hin.

Mit den flinken
Wasserströmen
fließen meine
Sehnsuchtsträume
wellenselig
in dein Herz.

In der Vögel
Frohgesänge
klingen unsre
Glockenherzen -
Musenwonne
Lebenslust.

In der Rose
Purpurglühen
leuchtet unser
Seelenfeuer -
Liebesfreude
Harmonie.

Meinem Liebchen
an einem Abend im Sommer

In des Kornfelds
Sommerbräune
glänzt dein Haar
wie Sonnenreife

zärtlich wie der
Abendröte
sanftes Spiel
am Horizont
schimmern
deine Rosenwangen
in dem hellen
Mondlichthain

himmelblaue
Seelenfreude
lächelt mir aus
Wegwartsternen
wie aus deinen
Augen zu.

Wie ein
Erntesegenkelch
randgefüllt mit
Kirschenblut
locken deine
süßen Lippen
Liebestrank in
Sehnsuchtswonne.

Laß dich herzen
laß dich küssen
Mädchen
Liebchen
holdes Weibchen
denn von allen
schönen Frauen
bist du
meine Königin.

Liebe
höchstes Erdenglück
Manna für Menschen - ewiges
Licht - Harmonie der
Seelen.

Sehnsuchtsgedanken
Liebender sind flinker als
Licht, Wind und Wasser.

Einmal werd' ich nicht mehr

Einmal werd' ich nicht mehr
in der Sonne schreiten
die ich besonders zärtlich
lieb zur Herbsteszeit
wenn Frucht und Beere
saftig-süß bereit
zum köstlichen Genuß in
Dankeshände gleiten.

Einmal werd' ich nicht mehr
traulich mit dir wandern
mit dir, die ich so innig
lieb vor allen andern.
Doch deine Seele wird mit
meiner stets verbunden bleiben
du wirst im Traum mir herzlich
liebe Worte schreiben

bis auch dein Herz in dieser
Welt vergißt zu schlagen;
dann werden Engel dich ins
Land der Freude tragen
wo immer Frieden waltet,
Gottes Licht uns scheint
wo alle Wesen die sich
lieben Ewigkeit vereint.

Meiner Seele Glück

Du meiner Seele höchstes Glück
in trüben wie in heitren Tagen
Ich liebe deine Zärtlichkeit
die mich umfängt; ich will es sagen:

Geliebtes Herz, was auch geschieht
in Liebe wollen wir es tragen.

Mit Gottes Hilfe sind wir stark
vereint gelingt uns, was wir wagen.
wenn Unheil droht, manch Ziel mißlingt
dann laß uns beten statt zu klagen.

Sonettenkranz für Elisabeth

Den feuerroten Blütenstrauß
will ich dir heute reichen
und jede Rose spricht zu dir
schenkt dir ein Liebeszeichen.

Fünf Jahre sind vergangen nun
seit wir uns innig fanden
Ein langer Weg! War kurz die Zeit?
Getreu wir sie bestanden.

Geliebtes Herz, mein Rosendank
möcht Freude heut dir bringen
wenn unsre Seelen singen

wie Vöglein auf der Sonnenbank
vereint - mal ernst, mal heiter
die nächsten fünf Jahr' weiter.

Erste Rose

Die erste Rose schenk ich dir
für deine Zärtlichkeit
mit Seele, Händen, gutem Wort
hast du mich reich beglückt.

Oft schmiegte sich dein junger Leib
in liebesnächt'ger Zeit
an meinen Lieb - ins Paradies
sind wir vereint entrückt.

Laß mich an deiner Zärtlichkeit
Geliebte, stets erfreuen
es soll dich nicht gereuen,

will Rosenblüten streuen
die Liebe stets erneuen
mit Aug' und Mund, ans Herz gedrückt.

Zweite Rose

Die zweite Rose, liebste Frau
sei dem Vertrauen zugedacht
Du schenktest es mir tausendfach
zu jeder Zeit bei Tag und Nacht.

Vertrauen gibt dem Herzen Halt
bringt Lebenssinn, Geborgenheit
vertrau mir deine Seele an
so wie ich dir in Glück und Leid.

Wenn Vertrauen erwacht
leuchtet die Liebe rein
hell aus des Herzens Schrein

jubelt es: ich bin dein
Lebenssonne im Hain
ständige Maienzeit.

Dritte Rose

Die dritte Rose dankt dir sehr
weil du mich gut verstehst
zu jeder Zeit, auf jedem Weg
getreulich mit mir gehst.

Du sprichst mit mir, empfindest mit
was alles mich bewegt
Du rätst mir gern mit klugem Sinn
wenn Unrecht mich erregt.

Geliebter Schatz, daß du verstehst
mein Hoffen und mein Streben
ist Glück, schenkt heitres Leben,

ist Sonnenkuß den Reben
in Liebe Dank sich geben
die ein Herz für das andre hegt.

Vierte Rose

Die vierte Rose dankbar neigt
ihr Purpurglühn ins Abendlicht
für Hilfe, die aus Freude du,
aus Liebe tatst und nicht aus Pflicht.

Ich halte deine Hände stumm
in Demut, voll Vertrauen
sie geben, schaffen, streicheln mich
auf Beistand darf ich bauen.

Du hilfst mit Wort, mit Geist und Rat
sagst zielbewußt, mit Mut zur Tat:
"Ich bin bei dir, verzage nicht!"

Gemeinsam wollen schreiten wir;
du bist mir nah, ich helfe dir,
getrost wir in die Zukunft schauen.

Fünfte Rose

Treue heißt der Schatz der Liebe
ohne Treue scheitert sie;
Treue, Liebste, schenkt beständig
unsren Seelen Harmonie.

Fünfte Rose, leuchte glühend
über alle Zeiten fort
wachse, reife, immer blühend
Treue heißt das Segenswort.

Laß uns wandern durch die Auen
unsrem Lebensglück vertrauen
gläubig hoffen; zweifeln **nie!**

Laß uns stets vereint nur handeln
einen Weg gemeinsam wandeln
bis zum ew'gen Seelenhort.

Verlaß mich nicht

Verlaß mich nicht
wenn späte Sommerstrahlen
die Abendhügel röten.

Verlaß mich nicht
die rauhen Stürme
quälen mein Herz
in düstrer Einsamkeit.

Verlaß mich nicht
gedenk der Zeiten
heitrer Harmonie.

Verlaß mich nicht
ich liebe deines Jugend-
Frühlings Zärtlichkeit.

Verlaß mich nicht
der Sommer war so
hoffnungsgrün und
reich an Lebensmut.

Verlaß mich nicht
geliebtes Herz
im Leben und im Tod.

Vorfrühling

Ein zaghaft leises
Amsellied
mitten im Winter
berührt mein
Herz glücklicher
als ein schmetternder
Vogelchor
im lichtgrünen Mai.

Das erste kleine
Schneeglöckchen
im frostweißen Garten
erfreut mein
Auge tröstlicher
als ein bunter
Blütenteppich
im üppigen Frühling.

Ein zärtlich liebendes
Lächeln von dir
in dunkler Stunde
erwärmt meine
Seele inniger
als ein heller Sonnentag
im goldenen Sommer.

Jasmin

Freude!
In unsrem Garten
duftet ein Jasminbusch - sein
Nachtleuchten weist uns
den Weg.

Heuduft

Süßlicher Heuduft
betört wild unsre Sinne
Liebe im Sommer.

Gerstenähren

Gelbliche Glöckchen
pendeln an Gerstenähren
Wir schmecken das Brot.

Spätjahr

Krähen
schreien wild überm
Herbstfeld, Zugvögel sind verreist
Noch wärmt Sonne die
Seele.

Jahrtausendwende

Goldener Stern am
Fenster leuchtet dir und mir
heute und morgen.

Regen im Januar

Januarregen
Nebel umhüllt die Bäume
betrübt mein Gemüt.

Sehnsucht nach Sonne

Frühling
heißt das Zauberwort
Sonne ersehnt der kranke Mensch
im bitterkalten
Märzwind.

Genesung

Liebste
sei nicht verzagt, Gott
schenkt dir Gnade, Heil und Segen
Im Frühling wirst du
gesund.

Geduld und Mut
sind deine Stärke
so hilft dir Gott
zu neuem Sein.

Vertrau auf Gott

Mein Herz und Sinn
sind stark wie nie
weil Gott sie leitet
in schwerer Zeit.

Vertrau auf Ihn
Er schützt uns beide
gemeinsam schaffen wir
die schwere Prüfung.

In Seiner Hand
geborgen ruhn
heißt Zuversicht
und Selbstvertraun.

Frühlingshoffen

Blüten weiß wie Schnee
läuten dir den Frühling ein
Schmerz und Angst vergehn.

Osterwunder

Winterherz, der Lenz ist nah
Sonnentage locken mild
Lebenswunder neu geschah
Jubeltag nach Schmerzensbild.

Lebenslust

Sonne
schenkst uns Lebenslust
und Frühlingsfreude überall
Es grünt und blüht im
Goldlicht.

Ostererlebnis

Donnerstag so grün
Freitag will nichts blühn
Samstag dunkler Schmerz
Sonntag, juble Herz:
Christ ist auferstanden!

Dank

Ostern schenkte Heil
und Segen, Genesung von
der schweren Krankheit.

Hoffnung und Glaube

Krankheit
prägte das jüngste
Jahr - schwanken zwischen Hoffnung und
Angst - doch der Glaube
siegte.

Geschenk des Lebens

Jeder
Tag ist ein Geschenk
genieße ihn voll Dank und Glück
Wann schlägt die letzte
Stunde?

Botschaft Gottes

Glocken
läuten vom Kirchlein
im Altdorf Feierabend ein.
Gottes Botschaft euch
zum Heil.

Auferstehung für dich

Wunder
zu Ostern! Liebste
du kannst wieder Spazierengeh'n
Auferstehung auch
für dich!

Himmelfahrt

Vater
Dein Sohn kehrt heim zu
Dir. Himmelfahrt! Freude und Dank
Er weist uns den Weg
zu Dir.

Sei nicht traurig

Nebel schleiern über Wiesen
Tropfen rauschen im Gezweig
Spinnennetze blinken silbern
Gilbe Blätter schweben sanft.

Schwermutgrau wie im November
grüßt der letzte Sommertag
Sei nicht traurig liebes Herz
auch der Herbst schenkt goldne Zeit.

Nebel

Nebel
Wesen, rätselhaft
verhüllst die Natur, verwehrst den
Blick in Weite und
Zukunft.

Abschiedsschmerz

Sturm rauscht
wild in Herbstwipfeln
Oktober wo leuchtet dein Gold?
Grauer Tag - Schmerz des
Abschieds.

Trauriger Herbst

Herbst stimmst
mich traurig obwohl
Sonne in bunten Wipfeln strahlt
Naht bald der letzte
Winter?

Sonniger November

Sonne
im November, ein
kostbares Geschenk - Lichttage
trösten die bange
Seele.

Lieber Dackel

Dackel
Herz auf vier Beinen
Frauchen liegt im Krankenhaus - bist
mein Trost in schweren
Stunden.

Frosthauch

Winters
Anfang - Sonne läßt
braungrünes Spätjahrsland golden
leuchten - Frosthauch greift
nach mir.

Trauer um dich

Trauer
im Herzen um dich
mein Lieb, dein Erden-Abschied schmerzt
doch spür ich deine
Seele.

Dein Wille geschehe

Vater
es geschehe Dein
Wille, auch wenn mein Herz trauert -
Doch du mußt nicht mehr
leiden.

Einander trösten

Mein Hund
du trauerst mit mir
wir haben kein Frauchen mehr und
müssen einander
trösten.

Gefällter Baum

Schöner
Baum liegst nun im Gras
gefällt vom Sturm in einer Nacht.
Bäume gleichen den
Menschen.

Du fehlst mir

Grauer
Morgen - Stille ruht
überm Feld, nur Krähen krächzen
Trauer-Morgen - Du
fehlst mir.

Lächelst du?

Liebchen
lächelst du mir zu
aus dem hellen Licht des Abends
da die Sonne sanft
sich neigt.

Friedhof

Friedhof
stiller Blumenhain
Ruhestätte unsrer Lieben
gib auch Trauernden
Frieden.

Erlen im Regen

Grauer
Januarmorgen
schwarz stehen Erlen im Regen
am Bach - Trauern sie
mit mir?

Du bist mir nah

Liebste
du bist mir nah im
Licht des Himmels im Morgen- und
Abendrot - freu dich
mein Herz.

Gruß aus dem Licht

Lichtgruß
am Morgen, sieben
Wochen nach deinem Abschied - Dank
für heilsamen Trost
mein Lieb.

Allein im Winter

Sonne
um mich und kalter
Wind - ich bin allein im Winter
Wo magst du sein? Du
fehlst mir.

Unsere Bank

Bereift
und einsam unsre
Bank, auf der wir oft gesessen
in Zweisamkeit so
glücklich.

Du kommst nicht wieder

Die Zeit
verfliegt, die Wochen
wachsen - bewußter wird mir nun
mein Lieb, du kommst nicht
wieder.

Doch bleibt
mir Trost: befreit bist
du von Schmerz und Leiden, nah lebt
für immer deine
Seele.

Strahlendes Land

Licht aus
dunkler Wolkenwand
plötzlich strahlt ringsum hell das Land
in frühlingsfroher
Hoffnung.

Trost im Gebirge

Schwarzwald
Traumgebirge der
Kindheit - Heimat der Ahnen, in
in deinen Wäldern find'
ich Trost.

Zur Besinnung kommen

Treiben
lassen, nachdenken
zur Besinnung kommen - weiter
leben mit deiner
Seele.

Traurigkeit

Regen
einsam, Traurigkeit
doch die Vögel zwitschern schon im
mildgrauen Tag vom
Frühling.

Veilchen

Veilchen
unterm Haselbusch
blauäugig seht ihr mich an, wollt
mich erfreuen und
trösten.

Ostern

Auf deinen Spuren

Ostern
auf deinen Spuren
geliebte Frau, wo glücklich wir
gingen, schreit ich nun
allein.

Dennoch
bin ich nicht einsam
ich spür dein Wesen nah bei mir
mich durchglüht deine
Aura.

Christus - Licht der Welt

Christus
Du das Licht der Welt
führst uns vom Leid zur Freude
zur Auferstehung
vom Tod.

Licht der Liebe

Liebste
unsre Seelen sind
sich nah im Licht der Liebe - auch
der Tod kann uns nicht
trennen.

Wo bist du?

Sehnsucht
im Herzen, Trauer
im Sinn - wo bist du, Geliebte?
Ich seh' dich nur noch
im Traum.

Lenzlicht

Endlich
Sonne nach langen
kalten Regenwochen - wärme
Leib und Herz, holdes
Lenzlicht.

Neues Leben

Genieß
jeden Frühling als
wenn's der letzte wär - Erwachen
neuen Lebens - welch
Segen.

In Gedanken bei dir

Einsam
schweif ich übers Feld
Weile bei dir in Gedanken,
sinn: wo bist du jetzt
mein Lieb?

Himmel und Erde

Strahlen
des Göttlichen Lichts
verbinden Himmel und Erde
Vatergrüße der
Liebe.

An mein Lieb

Bist du im Wind?
Bist du im Licht?
Ich fühl' dich nah
und seh dich nicht.

Du warst mein Lieb
Du warst mein Glück
Alleine blieb
ich hier zurück.

Es brennt so heiß
der Sehnsuchtsschmerz
Es klagt so leis
mein wundes Herz.

Bist du auch fern
von meinem Ort
die Liebe eint
uns immer fort.

Wiederbegegnung

Wenn aus dunkler Wolkenwand
plötzlich die Sonne hervorlugt
sendest du mir, meine Geliebte,
Trostgrüße aus himmlischem Licht.

Auch der Tod kann liebende
Seelen nicht scheiden
denn Liebe ist stärker
als der Tod.

Wir werden uns wieder begegnen:
Irgendwann - Irgendwo.

Zeit und Ewigkeit

Glänzt dein Weg in der Sonne
ist er einsam, verschneit
Sei stets für Licht und Schatten bereit.
Einmal verläßt du die Spuren der Zeit.
Einst mündet dein Sein in der Ewigkeit.

Inhaltsverzeichnis